verwerflich?

die Lösung ?

unverbesserlich?

beneidenswert?

tot ?

ein Witz ?

idyllisch?

ein Grund zum Feiern?

ein Verbrechen ?

vital?

unter aller Sau ?

dumm?

eine Provokation?

eine Tugend?

zukunftsfähig?

deutsch?

geil ?

männlich ?

schön ?

out ?

Fluch oder Segen?

vergänglich ?

zeitlos?

sozial ?

bieder ?

mächtig ?

total peinlich?

ungesund?

noch zu retten?

unbesiegbar?

spießig?

frauenverachtend?

gefährlich?

fair ?

scheiße ?

wichtig?

langweilig ?

nervig?

hässlich?

unabwendbar?

völlig überbewertet?

noch zeitgemäß ?

weltoffen?

lahmarschig?

mehrheitsfähig?

leidenschaftlich ?

eitel ?

überflüssig?

sexy ?

an allem Schuld ?

am ende ?

etepetete?

eine Illusion?

noch aufzuhalten ?

tolerant?

bestechlich?

was für's Leben ?

Schnee von gestern ?

eine Geschmackssache ?

suboptimal?

pädagogisch wertvoll ?

eine Sünde ?

eine Legende?

?

?

?

?

?

?

Impressum

Der SinnfragenKombinator
3.969 Fragen und keine Antwort
Ein spielerisches Frageset von Pia Frey

Prospekt schickt gern:
MeterMorphosen | Gaußstraße 12 | D-60316 Frankfurt
www.metermorphosen.de
Gestaltung: www.anettebeckmann.de
ISBN: 978-3-934657-66-3

Ist Phantasie

Ist Aufräumen

Ist Berlin

Ist Pop

Ist der Adel

Ist Rauchen

Ist Demokratie

Ist Europa

Ist Leberwurst

Ist Grauer Burgunder

Ist die Menschheit

Ist Luxus

Ist Armut

Ist Jähzorn

Ist Kapitalismus

Ist Angst

Ist Geiz

Ist ein Leben nach dem Tod

Ist der Papst

Ist die Zeit

Ist der Klimawandel

Ist Sodbrennen

Ist die Jugend

Ist 1968

Ist Sex

Ist Generation Y

Ist Macht

Ist das Leben

Ist Arbeit

Ist Sozialneid

Ist die Apokalypse

Ist Holzspielzeug

Ist Entwicklungshilfe

Ist Literatur

Ist die Pornoindustrie

Ist Freiheit

Ist die Realität

1st Integration

Ist Atomkraft

Ist Zukunft

Ist Landflucht

Ist die Nato

Ist Aids

Ist Politik

Ist Morgengymnastik

Ist Humor

Ist Liebe

Ist Geld

Ist Protest

Ist Gott

Ist 9/11

Ist Familie

Ist Fluglärm

Ist Gerechtigkeit

Ist Facebook

Ist das Paradies

Ist Selbstmord

Ist Anarchie

Ist diese Fragerei

Ist die Geschichte

Ist Körperpflege

Ist Diskriminierung

Ist die Aufklärung

Ist

Ist

Ist

Ist

Ist

Ist

Die Autorin **Pia Frey**, Jahrgang 1988, steht für den erfrischenden Journalismus einer neuen Generation, die mehr Fragen stellt als Antworten findet. Sie studierte Philosophie und betreibt die von ihr gegründete Medienbeobachtungs-Website *pressekompass.net*, wo sie die vielen konkurrierenden Wahrheiten internationaler Medien zu aktuellen Themen gegenüberstellt. Sie schreibt selbst für verschiedene Tageszeitungen, etwa für *Titanic*, *Cicero*, den *Tagesspiegel*, *Welt Kompakt* und das *Philosophiemagazin*. Den **SinnfragenKombinator** entwickelte sie während ihres Philosophie-Studiums aus der Erfahrung, dass die Suche nach der Wahrheit keineswegs Antworten liefert, sondern vielmehr immer neue Fragen aufwirft.